1 MONTH OF
FREE
READING

at

www.ForgottenBooks.com

By purchasing this book you are eligible for one month membership to ForgottenBooks.com, giving you unlimited access to our entire collection of over 700,000 titles via our web site and mobile apps.

To claim your free month visit:

www.forgottenbooks.com/free375918

ISBN 978-0-656-36940-9
PIBN 10375918

This book is a reproduction of an important historical work. Forgotten Books uses state-of-the-art technology to digitally reconstruct the work, preserving the original format whilst repairing imperfections present in the aged copy. In rare cases, an imperfection in the original, such as a blemish or missing page, may be replicated in our edition. We do, however, repair the vast majority of imperfections successfully; any imperfections that remain are intentionally left to preserve the state of such historical works.

AUL MEURIC

PAR

LOUIS ULBACH

PARIS

A. QUANTIN, IMPRIMEUR-ÉDITEUR

7, RUE SAINT-BENOIT, 7

—

1883

PAUL MEURICE

PAR

LOUIS ULBACH

PARIS

A. QUANTIN, IMPRIMEUR-ÉDITEUR

7, RUE SAINT-BENOIT, 7

1883

Les quatre Ages

Poème épique en deux vers.

L'homme respire, aspire,
Soupire, puis expire.

Paul Meurice

PAUL MEURICE

Imp. A. Quantin

PAUL MEURICE

I

 aul Meurice a une physionomie spéciale dans le premier rang des écrivains de ce temps-ci.

Sa renommée s'est faite et se maintient par des œuvres très originales, et aussi par un goût très vif d'analyse qui, joint à un instinct très profond de cordialité, le porte à travailler aux œuvres des autres.

Collaborateur discret d'Alexandre Dumas et
de George Sand, mêlé intimement à la vie littéraire de Victor Hugo, à la publication de ses
livres, ami de Michelet, de Quinet, compagnon
fraternel de toutes les grandes intelligences,
traducteur de Shakspeare, de Sophocle, auteur dramatique de style, à une époque où
tant de gens écrivent pour le théâtre qui sont
incapables d'écrire pour être lus, il aime la
critique en action; et, quand il trouve un déve-
loppement à ajouter à l'œuvre d'un autre,
fût-ce un chef-d'œuvre, il l'ajoute sous forme
de drame, comme il l'a fait si heureusement
pour *Quatrevingt-Treize,* pour *Notre-Dame
de Paris;* ou bien, dans un enthousiasme re-
cueilli, trouvant des œuvres glorieuses insuffi-
samment comprises, il aide à les expliquer,
il s'ingénie à les faire valoir, et son originalité
s'accroît de cette soumission au génie.

Il y a là un mérite particulier. Élargir, autant qu'on le peut, la clientèle des grands
hommes littéraires, c'est élargir l'atmosphère
même dont le talent loyal a besoin. L'enthousiasme qui se satisfait sans réserve élève l'inspiration personnelle qu'on y ajoute.

Paul Meurice est un des rares champions du

génie d'admirer qui est le frère cadet du génie de créer.

Cette vertu de l'intelligence est si bien le fond de sa nature artistique et littéraire, elle est si bien son idée fixe, que dans toutes ses pièces, comme dans tous ses romans, il donne à ses héros, pour mobile de leurs actions, le besoin de se dévouer. Si j'avais la place suffisante, moi qui viens de relire son œuvre entière, je montrerais, depuis *Benvenuto Cellini* jusqu'à *Fanfan la Tulipe,* depuis *la Famille Aubry* jusqu'à *Césara,* que Paul Meurice n'a jamais fait que varier, sans l'épuiser, ce thème magnifique du dévouement, pratiqué par lui-même, comme il l'avait conçu pour ses héros.

J'ignore si cette intimité avec les premiers écrivains de ce temps a donné souvent à Paul Meurice le droit d'être écouté quand il insinuait un conseil. Je le crois, à l'estime reconnaissante dont son amitié est toujours payée; mais je sais que cette familiarité avec le génie, que cette habitude de le pénétrer a fortifié dans le directeur littéraire du *Rappel* une sûreté de critique, une rapidité de jugement que j'ai expérimentée pour ma part, et que beaucoup d'autres, comme moi, peuvent attester avec gratitude.

Il n'est pas un roman publié dans le feuilleton de ce journal, scrupuleusement littéraire, qui n'ait fourni à ce maître écrivain l'occasion d'un bon avis, soit sur un épisode, soit sur la marche de l'intrigue, soit sur le dénouement, soit même sur le style; et je révélerai tous les mystères de cette collaboration subtile, en disant que, si l'auteur ne peut indiquer lui-même les coupures de son œuvre pour la mesure du feuilleton, Paul Meurice, en se chargeant de ce soin, ne laisse jamais subsister une interruption brutale, une déchirure dans le récit, et sait toujours, par un mot, par un rien ajouté, quand cela est nécessaire, rattacher ce qui paraît à ce qui a paru et ménager la transition avec ce qui paraîtra.

Cette précaution minutieuse n'est pas habituelle dans la presse, et les romanciers, mes confrères, comprendront que je note au passage cette collaboration quotidienne et amicale.

II

Ne pas se lasser d'admirer et de se dévouer à ce qu'on admire, c'est rester jeune.

Paul Meurice a trouvé le moyen de ne pas vieillir. Il semble que si les années de jeunesse et de virilité ont compté double pour lui comme pour d'autres, pendant l'âpre traversée de l'empire, elles ne se sont multipliées que pour lui faire une provision de forces accumulées.

Sans doute il a neigé sur la tête et le front vaste s'est dégarni, sans doute la moustache a grisonné ; mais l'œil abrité garde son rayon vif et droit ; la bouche, son pli correct ; le menton, sa carrure où siège la volonté ; le geste et l'allure, leur précision rapide.

Je me souviens d'un médaillon d'Auguste Préault donnant le profil net, et presque farouche vers la vingtième année, de cette physionomie de Gaulois. On eût dit l'image en bronze d'un soldat de Vercingétorix, mais d'un soldat lettré, capable de réfuter les commentaires de César.

La ressemblance persiste ; mais la mélancolie

sereine de l'expérience a calmé et adouci les
traits. L'âpreté, que donnait une curiosité impa-
tiente, n'est plus que la persistance avide d'un
esprit insatiable de connaître ce qui est beau
et d'aimer ce qui est bien.

Paul Meurice n'est pas seulement fidèle à ce
qu'il a admiré, il a cette vertu singulière
d'aimer, au bout de quarante ans, ses amis,
comme au premier jour; et le ciment indes-
tructible qui joint son nom à celui de Vacquerie, qui unit deux cœurs pareils, mais deux
intelligences très dissemblables, est un fait si
public, que je ne trouble aucune pudeur en le
mentionnant comme un titre de plus à l'estime,
comme un titre littéraire aussi.

Auguste Vacquerie a raconté, dans une pièce
de vers dédiée à Paul Meurice, comment cette
belle amitié a été contractée au foyer même
d'un enthousiasme commun.

La collaboration des rêves précéda la colla-
horation des œuvres. Tous deux élèves de ce
vieux collège Charlemagne, d'où tant de gens
de lettres sont sortis qui avaient promis d'a-
bord d'être des jurisconsultes et des notaires,
ils se sont retrouvés sous les arcades de la place
Royale, au seuil de cet hôtel Guéménée qu'on

devrait consacrer par une inscription; car, non seulement Victor Hugo l'a habité, dans le rayonnement de ses jours les plus heureux, mais c'est là que toute la génération glorieuse a passé.

Dans l'église Saint-Paul, qui met son ombre sur le collège Charlemagne, de chaque côté de la porte d'entrée, les dévotes puisent de l'eau bénite dans deux conques énormes, offertes par Victor Hugo, au temps de notre jeunesse. Sans être de grands dévots, en 1840, nous entrions parfois, en été, dans l'église, pour y attendre, au frais, l'ouverture du collège. Plus d'un de nous a trouvé son diable dans ces bénitiers et s'est signé avec cette eau qui lui semblait consacrée par Victor Hugo, pour se donner le courage d'aller sonner à l'hôtel Guéménée.

Je ne traverse jamais la place Royale, dans le voisinage de laquelle la destinée m'a fixé, comme pour donner à ma vieillesse le crépuscule de mes dix-neuf ans, sans que je regarde avec inquiétude si rien n'est changé dans le coin fameux des arcades, et sans que je proteste contre cette inscription de *place des Vosges,* qui biffe l'histoire séculaire pour l'histoire depuis cent ans, et qui offense nos souvenirs.

L'intention du changement de nom a été patriotique; mais l'effet n'est pas national. Quoi qu'il en soit, jamais pour les fidèles de 1840, si républicains qu'ils soient, la place où le Louis XIII de Marion de Lorme est indéraci‐nable, comme l'arbre qui soutient son cheval, ne s'appellera la place des Vosges. Cette place, qui est un musée pour tous, est pour nous comme une de ces cours, précédant les mos‐quées, qu'on rencontre en Espagne, où les Maures faisaient leurs ablutions avant de péné‐trer dans le sanctuaire. Son nom ne choquait pas plus que celui du vieil empereur carlo‐vingien, donné à notre collège, et Corneille l'avait consacré, avant que Victor Hugo l'illu‐minât.

En 1842, Paul Meurice et Auguste Vac‐querie publièrent leur amitié par un travail en commun sur Shakspeare. Théophile Gau‐tier était de la partie. On joua *Falstaff* à l'O‐déon, et, l'année suivante, *le Capitaine Paroles*.

En 1844, les deux amis, que leur rencontre quotidienne chez Victor Hugo encourageait à l'audace, firent représenter cette *Antigone,* tra‐duite de Sophocle, qui agita si profondément l'attention, et qui démontra que les prétendus

classiques n'étaient que les coiffeurs de l'anti-
quité, l'accommodant à la pommade du jour ;
mais que le romantisme, c'est-à-dire l'indépen-
dance et l'intransigeance artistique, avait seul
le pouvoir d'évoquer les maîtres antiques, sans
les défigurer, sous prétexte de restauration.
On ne trouvait la Vénus de Milo que sur les
bahuts sculptés des forcenés du moyen âge ; les
conservateurs littéraires méprisaient cette statue
incapable d'accolades.

Antigone, représentée avec la mise en scène
antique, les évolutions du chœur et la musique
de Mendelssohn, eut un immense succès.

Paul Meurice restait fidèle à Shakspeare. Il
avait commencé, au sortir du collège, peut-être
au collège même, une traduction abrégée
d'*Hamlet.* Un jour, il fit lire cette traduction à
Alexandre Dumas. Le grand vulgarisateur fut
frappé de ce travail, de ce tour de force ; il l'ar-
rangea, le signa avec Meurice, le mit en
scène, et fit jouer *Hamlet* au théâtre Historique
par Rouvière, qui fut sublime, absolument
shakspearien, un peu trop peut-être au goût
d'Alexandre Dumas, qui avait une certaine
modération bourgeoise dans l'envolée supé-
rieure de l'esprit.

Paul Meurice, jeune, séduit par l'exubérance, la bonne humeur, la verve entraînante d'Alexandre Dumas, lui apporta de même des romans, *Ascanio, Amaury, les Deux Diane.* D'*Ascanio,* Paul Meurice a tiré son beau drame de *Benvenuto Cellini,* et de son roman *les Deux Diane* il a extrait la pièce de ce nom.

A cette dernière occasion, Alexandre Dumas écrivit à Paul Meurice une lettre qui est devenue la préface de la pièce, et qui, en témoignant de l'étourderie charmante du plus fécond des emprunteurs, est une preuve des scrupules délicats de celui à qui il avait emprunté le roman.

En voici les passages essentiels :

« Mon cher ami.

. . . .

« Aujourd'hui que votre intention est de
« faire un drame de ce livre, je dois déclarer
« sur l'honneur que je ne suis pour rien dans
« sa composition...

« Je désire, mon bon et cher Paul, que cette
« lettre soit rendue publique, afin que l'on
« puisse apprécier l'étendue de l'amitié qui

« nous lie, puisque tout nous a été commun
« jusqu'au nom, et qu'on sache en même temps
« combien a été grande votre délicatesse, qui,
« après avoir gardé le silence lors de la réim-
« pression des *Deux Diane,* a cru encore avoir
« besoin de mon autorisation pour disposer
« d'un bien qui ne m'appartenait point.

. . . .

« Faites votre drame, mon ami, et ayez un
« beau succès, comme vous en avez eu un
« dans *Benvenuto Cellini,* et puissiez-vous dire
« de moi ce que je dis de vous : âme poétique,
« cœur loyal, je t'aime.

« ALEXANDRE DUMAS. »

Paul Meurice eut le bon goût de dédier son
drame à celui qui le lui rendait.

George Sand n'a pas eu besoin d'écrire à
l'auteur de la pièce *les Beaux Messieurs de Bois-
Doré,* pour lui en garantir la propriété. Elle a
très loyalement empêché qu'on imprimât dans
la collection de son théâtre la comédie qu'un
autre avait faite avec son roman.

Paul Meurice, pendant que le roman paraissait en feuilleton dans le journal *la Presse,*
avait été frappé du rôle superbe et touchant

que Bocage pouvait trouver dans le personnage du vieux marquis. Il fit demander à George Sand, qu'il ne connaissait pas, la permission d'user de son œuvre; elle l'accorda sans hésiter, et ce fut à la première représentation seulement qu'elle collabora par sa part d'applaudissements au triomphe de la pièce.

On sait que Bocage y fut admirable, et que plus tard le rôle fut repris avec beaucoup de sentiment, mais avec un art moins supérieur, par Lafont.

Une amitié étroite, fraternelle, était née de cet emprunt. En 1864, une collaboration plus effective unissait, sur l'affiche du théâtre du Vaudeville, le nom de Paul Meurice à celui de George Sand; c'était à propos du *Drac*. Deux ans plus tard, les deux collaborateurs faisaient jouer, à la Porte Saint-Martin, le drame de *Cadio*, dans lequel Roger, l'ancien ténor, essaya vainement de se transformer en premier rôle de drame.

Voilà la part de la collaboration dans l'œuvre de Paul Meurice. Elle n'est considérable que par les noms de ses collaborateurs et par les succès obtenus. Elle est peu de chose en face de son effort personnel.

III

Seul, et ne s'inspirant que de lui, il fit jouer
en 1854, pendant la guerre de Crimée, le drame
de *Schamyl,* une actualité épique, et, en 1855,
pendant l'Exposition .universelle, il composa
cette autre épopée toute nationale, *Paris.*

C'était l'histoire de la grande ville, ouverte
à ses pages les plus glorieuses, pour initier les
visiteurs du monde entier aux secrets du génie
parisien.

' L'auteur eut besoin d'intrépidité pour défen-
dre contre la censure impériale son œuvre toute
démocratique. Le drame, pour ne pas se heur-
ter de front aux tristes personnalités régnantes,
s'arrêtait à la fin du siècle dernier. Mais la fin
du dernier siècle, c'était la République. La
veille de la première représentation, M. Fould,
alors ministre, décida que la pièce serait inter-
dite si elle ne se terminait pas par un tableau
se passant sous le premier empire. Il va sans
dire que Paul Meurice se refusa à faire ce tableau. Mais c'était la ruine de Marc Fournier,

le directeur, qui avait dépensé 120,000 francs
pour monter le drame. Paul Meurice laissa donc
Marc Fournier écrire ce dernier tableau; mais
il déclara qu'il ne signerait pas *Paris*. A la
fin de la première représentation, quand la toile
se releva, aux applaudissements de la salle
entière appelant l'auteur, Bocage vint annon-
cer, comme après une chute, que *l'auteur dé-
sirait garder l'anonyme*. On pense si les applaudissements redoublèrent.

A la dixième représentation, le directeur,
pour qui le nom de l'auteur était un élément
de succès de plus, rétablit d'autorité ce nom
sur l'affiche. Paul Meurice lui intenta un procès. Inutile d'ajouter que, malgré la chaude
éloquence de son avocat Crémieux, il perdit
sa cause devant les juges de l'empire.

Il dédia du moins *Paris* à Victor Hugo, avec
cet envoi :

Maître! génie absent de la grande cité!
Lutteur qu'aime et que craint l'archange Adversité!
Voudrez-vous de ce drame où l'Histoire et la France
Eurent le poing coupé pour crime d'espérance?

Qu'à votre fier rocher inondé de rayons
Il porte au moins les vœux que nous vous envoyons,
Au nom de la patrie à votre esprit fidèle,
Nous exilés de vous, à vous exilé d'elle!

Et Victor Hugo lui répondit :

Tu graves au fronton sévère de ton œuvre
Un nom proscrit que mord en sifflant la couleuvre ;
Au malheur, dont le flanc saigne et dont l'œil sourit,
A la proscription, et non pas au proscrit,
— Car le proscrit n'est rien que de l'ombre, plus noire
Que l'autre ombre qu'on nomme éclat, bonheur, victoire ;
A l'exil pâle et nu, cloué sur des débris,
Tu donnes ton grand drame, où vit le grand Paris,
Cette cité de feu, de nuit, d'airain, de verre,
Et tu fais saluer par Rome le Calvaire.
Sois loué, doux penseur, toi qui prends dans ta main
Le passé, l'avenir, tout le progrès humain,
La lumière, l'histoire, et la ville, et la France,
Tous ces dictames saints qui calment la souffrance,
Raison, justice, espoir, vertu, foi, vérité,
Le parfum poésie et le vin liberté,
Et qui sur le vaincu, cœur meurtri, noir fantôme,
Te penches, et répands l'idéal comme un baume !
Paul, il me semble, grâce à ce fier souvenir
Dont tu viens nous bercer, nous sacrer, nous bénir,
Que dans ma plaie, où dort la douleur, ô poète !
Je sens de la charpie avec un drapeau faite.

Pour un drame historique et cyclique tel que *Paris*, il est bon d'ajouter au témoignage du grand poète celui du grand historien. Le lendemain de la première représentation de *Paris*, Michelet écrivait à l'auteur :

« Cher ami, — je vous ai vu marcher hier,
« pendant cinq heures, sur la corde tendue,
« d'où tout autre serait tombé ; — tiré d'une

« part par la censure, de l'autre par la diffi-
« culté épouvantable du sujet.

« Cela est neuf et grand. Vous avez, le pre-
« mier, sous le nom de Paris, donné l'histoire
« universelle: Vous avez, le premier, touché la
« légende nationale ; le premier, vous êtes entré
« dans la voie où je suppliais Mme Sand d'en-
« trer, en 48. Des proverbes héroïques, joués
« de village en village, auraient sauvé la Ré-
« publique peut-être...

« Et, dans cet extrême étouffement, vous
« n'en avez pas moins donné des parties fortes,
« donné des mots du cœur : *Paris est un ber-*
« *ceau...*

« Vos deux Ames, de Paris et de la France,
« sont une chose sublime qui, à chaque mo-
« ment, trouble le cœur. Chaque fois qu'elles
« paraissent, on est saisi et quelqu'un pleure.
« — Cela répond à tout, et ne vous sera pas
« enlevé... »

Paris, joué par Bocage, Mme Émilie Guyon
et Mme Naptal-Arnault, eut cent cinquante
représentations.

Paul Meurice, né à Paris, et dans l'enceinte
même de l'Hôtel de Ville, à l'Arcade Saint-
Jean, est resté toujours un Parisien fidèle. La

même idée d'honorer la Ville par une œuvre spéciale, gigantesque, de faire du tableau d'une ville le pendant d'un tableau du monde entier, lui revint en 1868. Il me céda l'honneur de mettre en scène le *Paris-Guide,* mais je lui restitue celui d'en avoir conçu l'idée, et je sais bien qu'il eut tort de me la confier.

Après *Paris,* vint, en 1856, au théâtre de la Gaîté, *l'Avocat des pauvres,* avec Mélingue dans le rôle principal.

En novembre 1858, *Fanfan la Tulipe* eut à l'Ambigu, avec Mélingue et Mlle Page, le plus éclatant succès. Ici, le mélange de la comédie et de la tragédie, réclamé par la préface de *Cromwell,* n'était pas seulement dans la pièce, mais dans le principal personnage lui-même. Victor Hugo, après avoir lu la brochure, écrivait à Paul Meurice :

« Si le succès a la verve de la pièce, je ne sais
« où il s'arrêtera. Quelle œuvre charmante et
« touchante! Vous n'avez fait qu'un clavier de
« la gaieté et de la douleur; c'est une comédie
« profondément nouée dans un drame, qui fait
« presque à la même minute jaillir du cœur le
« meilleur rire et les meilleures larmes. Votre
« Fanfan la Tulipe est une trouvaille; mais

« pour trouver ces trouvailles-là, il faut être le
« poète doublé d'un philosophe, le philosophe
« centuplé d'un poète...

: « Venez donc que nous causions de toutes
« ces scènes exquises, vives, vraies, éclatantes
« de rire et poignantes. Vous aussi, vous êtes un
« peu amoureux de M^mo de Pompadour; mais
« on le devient comme vous dans l'entraîne-
« ment de cet amusant et pathétique drame. »

La même année, au même théâtre, *le Maître
d'école* suivit immédiatement *Fanfan la Tulipe*,
et en continua le succès.

Donnons ici encore la parole à Michelet, le
grand biographe du maître d'école de Grain-
ville. Il écrit :

« ... La scène du maire et du mariage est une
« des plus pathétiques qu'on ait vues jamais.
« J'y ai conduit un très illustre anatomiste qui
« a été baigné de larmes...

« Ce n'est pas une pièce contre le mariage.
« C'est le faux mariage, et, d'autre part, un
« homme d'admirable cœur, lié dans sa faute,
« et qui ne peut s'en tirer... »

Le Maître d'école fut, à vrai dire, la dernière grande création de Frédérick-Lemaitre.
Michelet, ému par le grand comédien, ajoute :

« Je vous sais gré d'avoir donné à cet
« homme immortel une telle occasion de mon-
« trer une autre jeunesse. Il n'eût pu jouer
« cela plus tôt, dans cette suavité adorable,
« qui a emporté les cœurs. Le mien sur-
« tout... »

Et, sur *le Maître d'école,* Victor Hugo écrit
à son tour :

« Vous venez encore de faire là une œuvre
« forte et douce. Quelle merveilleuse et iné-
« puisable variété d'émotion, de style, de vé-
« rité ! Vous faites rire, sourire, rêver, penser,
« pleurer. Il y a là toutes les cordes, même la
« corde de l'arc; car souvent l'idée s'enfonce
« comme la flèche, et, longtemps même après
« avoir fermé le livre, on la sent en soi qui
« tremble.

« La scène finale du premier acte est un
« chef-d'œuvre. Votre Éverard est le saint
« Michel de la douceur. Et la scène de la fable !
« comme c'est joli et comme c'est grand !

« L'action poignante, réelle, intime, se tord
« de scène en scène avec une angoisse qui ne
« nous quitte que dans la sérénité douloureuse
« du dénouement. Éverard n'a pu dire *ma fille,*
« mais il a pu entendre *mon père.* On ferme le

« livre sur cette larme profonde et l'on rêve. »

Après les deux « critiques » que j'ai cités, pour trois drames si divers par le fond et par la forme, on trouvera sans doute que le théâtre de Paul Meurice est suffisamment caractérisé, et je veux me borner à mentionner les dernières pièces qu'il a données.

En 1858, *le Roi de Bohème*, à l'Ambigu, avec Mélingue; en 1863, au même théâtre, *François-les-Bas-Bleus*, grand succès, avec Mᵐᵉ Marie-Laurent; en 1867, à l'Odéon, *la Vie nouvelle*, avec Berton; en 1878, *la Brésilienne,* avec Mˡˡᵉ Fargueil, complètent la liste des pièces exclusivement personnelles de Paul Meurice, et démontrent bien, ce que j'avais affirmé, que quand il collabore, même avec des écrivains de grand talent ou de génie, il prête et n'emprunte pas.

IV

Si l'auteur dramatique est original et littéraire, préoccupé de chercher la voie d'un théâtre vraiment populaire et vraiment national, c'est-à-dire ne faisant applaudir que de belles

actions, mises en relief dans de beaux cadres,
le romancier a une valeur d'observation, un
charme de réalité et de poésie qui donnent à
ses livres une haute portée philosophique, en
les maintenant dans le domaine des romans
les plus émouvants.

Je viens de relire *la Famille Aubry* et sa préface. L'auteur définissait ainsi le but de son
œuvre :

« Jusqu'à présent, la liberté nous est appa-
« rue surtout comme la victoire, comme le
« bien, comme le droit. Oui, sans doute, elle
« est le droit, le droit heureux, glorieux et
« sacré! mais elle ne va pas sans la responsa-
« bilité qui est sa loi austère, et sans la volonté
« qui est son rude devoir. Avec la liberté et
« pour elle, il faut sans cesse agir, travailler,
« penser, résoudre, persévérer...

« Tous ces enfants ont peur d'être hommes !
« ils crient parce qu'ils doivent marcher et
« vivre par eux-mêmes et s'arracher aux bras
« et au sein de leur vieille nourrice, la Fata-
« lité...

« Ce vertige et cette fatigue de la liberté est
« notre infirmité et notre douleur, la douleur
« et l'infirmité que dans un ordre tout moral

« et tout intime ce livre essayera de peindre... »

Combien de romanciers de l'heure actuelle se donnent une tâche de cette élévation et s'appliquent à cette leçon ? Le roman n'y perd rien. Noué et pathétique comme un simple roman d'aventure, il dissimule sous un drame poignant l'intention sévère, et c'est la méditation qui la dégage, après qu'on a pleuré!

Cet intérieur d'un vieux conventionnel qui a donné sa vie à la justice et qui veut revivre dans ses enfants justes et droits, ce duel de deux frères que la passion emporte, mais que l'honneur arrête au seuil du fratricide, toute cette histoire forte et poétique dans sa réalité a un attrait devenu bien rare. Je m'étonne que Paul Meurice n'ait pas transporté au théâtre ce drame, tout fait et si bien fait.

Les Tyrans de village, publiés une première fois sous le titre de *Louspillac et Beautrubin*, révèlent une face du talent de Paul Meurice moins connue, celle de la gaieté et même de la bouffonnerie. Son rire est aussi large que son enthousiasme a d'envergure; mais l'esprit reste fin dans l'abandon, et l'*École des propriétaires*, une pochade qui complète le volume des *Tyrans de village*, est d'une verve exquise.

Quant au roman de *Césara*, c'est un de ces livres de passion, d'érudition humaine, d'expérience politique et sociale qu'il faut relire avec respect, même quand on ne les relirait pas avec le plaisir romanesque qu'on y trouve.

George Sand, après une première lecture, écrivait à l'auteur :

« C'est très grand, très beau, très neuf, très
« hardi ; c'est un grand idéal, très humain,
« vivant, palpable. C'est l'homme du temps,
« c'est le produit de l'âge où nous vivons,
« c'est de l'histoire ; et rarement, dans l'idée, le
« roman a monté plus haut... »

Voilà le cri d'une conscience d'artiste, qui sent avant de raisonner ; mais la réflexion, l'analyse confirment les joies d'une première lecture, et donnent deux fois raison à George Sand.

Dans *Césara*, Paul Meurice a abordé, le premier, un thème sur lequel, depuis lui, on a exécuté beaucoup de variations, et si je m'abstiens de comparaisons faciles à faire, je puis dire que personne n'a peint plus sobrement, plus humainement, et n'a résolu plus dramatiquement ce problème : l'immolation volontaire d'une probité politique à un devoir d'or-

gueil et de convention, la trahison réelle envers
la foi du patriote, sous le premier prétexte
d'un intérêt respectable de famille.

Césara n'est pas un être vaniteux que l'am-
bition entraîne et que des petites causes font
trébucher dans des petits pièges. Paul Meurice
a puisé à des sources plus hautes, pour mon-
trer comment on peut les corrompre. Césara
est un héros, se faisant ministre par besoin
d'action autant que par sensibilité paternelle,
impatient d'appliquer ses idées, et livrant ses
idées à la tyrannie de la fonction qui les broie
et les jette au vent. Il n'est pas inconscient, il
se juge et assiste implacable à sa déchéance.

Jamais le drame du pouvoir en lutte contre
la probité n'a été raconté avec plus de force,
de loyauté et de pitié. C'est peut-être pour moi
le plus beau livre que Paul Meurice ait écrit
jusqu'à présent; mais c'est assurément un des
meilleurs qui aient été écrits dans ce temps-ci.

Le dévouement absolu, fier et désintéressé,
y est personnifié dans Sylvius, l'ami, le *témoin*
de Césara, qui sacrifie son amour, sa vie, sa
gloire, ne gardant que son âme pour multiplier
le sacrifice.

Ce rôle de témoin, si bien décrit, n'est-ce

pas à peu près celui que Paul Meurice remplit auprès de Victor Hugo, et ne comprend-on pas que le maître lui écrive :

« Quand vous êtes là, je ne suis pas absent... Mon esprit a besoin de votre esprit, et mon cœur a besoin de votre cœur. »

Esprit solide, cœur vaillant, âme modeste, Paul Meurice mérite donc la gloire d'être aimé par les plus grands de ce temps-ci.

L'homme n'a pas besoin d'être peint davantage. Quand j'aurai dit que l'artiste est un amateur aussi curieux que l'écrivain est un artiste raffiné ; que chez lui les tableaux de Delacroix, de Corot font vis-à-vis aux plus beaux dessins de Victor Hugo ; que la maison pittoresque du poète est un fouillis de bibelots, dont quelques-uns sont des chefs-d'œuvre ; que l'auteur de *Benvenuto Cellini* est le digne frère du plus grand orfèvre de l'époque, auquel il a dédié son drame, et qu'on devine l'affinité avant de connaître la parenté ; j'aurai, je l'espère, donné, non pas la physionomie profondément étudiée, mais exactement esquissée de l'écrivain, si bon camarade avec ses égaux, ami si absolu et si indépendant avec ceux qui le dépassent.

V

Il me reste à parler du rôle plus militant, c'est-à-dire du rôle politique joué par Paul Meurice.

Dans le fragment de la préface de *la Famille Aubry* que j'ai cité, on sent une profession de foi positive; autant qu'un programme philosophique et littéraire.

Nul n'a le droit d'écrire quoi que ce soit dans ce siècle, s'il n'en partage pas les angoisses, les fièvres, les espérances ou les désenchantements. Être le confident des *Châtiments* et s'en tenir à l'idylle; revoir les feuillets de l'*Histoire d'un Crime* et ne se sentir aucune colère contre les criminels, ce serait une infirmité mal dissimulée par le talent.

Paul Meurice est trop vaillant dans ses rêves pour n'avoir pas été un lutteur solide contre les réalités outrageantes de l'Empire; mais il est, avant tout, journaliste d'inspiration, de sentiment. Il prend sa place au premier rang dans une mêlée, dans un assaut ; mais le tempérament dramatique domine la vocation du journaliste et la modère, quand la situation n'est plus au drame. Il rend pleine justice aux puissants talents qui élèvent toutes les questions quotidiennes; mais il a besoin, lui, de la tempête pour se sentir emporté.

Le 24 février 1848, il avait pris son fusil, et il a publié un très vivant récit de l'entrée de la garde nationale à l'Hôtel de Ville. Le lendemaìn, il déposait le fusil, pour prendre la plume et fonder l'*Événement*.

Faut-il rappeler les condamnations absurdes qui frappèrent ce hardi journal?

Paul Meurice était en prison avec Jourdan, du *Siècle,* Nefftzer, de la *Presse,* Auguste Vacquerie, Charles et François-Victor Hugo, quand le coup d'État fut commis. On n'eut pas besoin de l'arrêter.

Lorsqu'il sortit, la politique n'était plus possible. La botte sanglante tenait sous elle la presse. Paul Meurice avait écrit *Benvenuto Cellini* en prison. Il dédia, ainsi que je l'ai dit plus haut, le drame à son frère; mais il voua l'âme de son héros à l'héroïsme exilé, et dans la préface il disait noblement :

« Notre idéal ressemble plus qu'on ne l'a cru
« à la figure réelle de Benvenuto, ou tout au
« moins en général de l'artiste de la Renais-

« sance. C'est ainsi que nous apparaissent Mi-
« chel-Ange, Léonard de Vinci, Machiavel
« lui-même, seuls debout, seuls indomptés
« dans l'anéantissement, dans l'avilissement de
« tous. L'Italie est aux mains des barbares ;
« l'artiste se fait de l'art une patrie. Le droit
« est mort ; il se fait de son génie une justice. »

L'auteur dramatique, qui leurre ainsi son
patriotisme, rentre dans l'action quand elle
s'élève au drame. En 1869, Paul Meurice cou-
rait au combat. Le *Rappel* se fondait. Il battait
intrépidement la charge, sous la mitraille des
procès. Paul Meurice fut un des plus éner-
giques. Quand l'imprimeur intimidé refusait
ses presses ; quand le découragement paraissait
si naturel qu'il séduisait comme un devoir de
dignité, Paul Meurice résista, et battit le rappel dans le *Rappel* même pour rallier ceux que
l'Empire écœurait.

Pendant l'*année terrible*, il resta à son poste.
Une méprise des vainqueurs de la Commune,
méprise bientôt réparée, frappa le journaliste
sans aigrir le poète. Après la guerre étrangère et
la guerre civile, Paul Meurice, sans se désinté-
resser de l'action politique, ce qui lui est impos-
sible, retourna de nouveau à l'œuvre littéraire.

Il n'a pas dit son dernier mot, certes ; il pré-
pare la publication de romans et de drames,
longuement médités, et qu'il achèvera rapide-
ment. Il est devenu plus que jamais le confident, le *témoin* de Victor Hugo, dont il sur-
veille la grande édition définitive, collationnée
par lui sur les manuscrits du maître.

J'ai dit plus haut ce que je pensais de ce
dévouement ; j'ai dit aussi comment Paul Meurice lui-même, dans *Césara,* l'avait défini,
décrit, à propos de Sylvius.

Je veux citer cette belle page qui a l'accent
involontaire d'une confession. C'est conclure,
comme je le veux, comme je ne le pourrais pas
de moi-même, en laissant dans de nobles
paroles une impression douce et fortifiante, un
encouragement à l'amitié, un défi à l'égoïsme ;
en dégageant de cette étude sa haute mora-
lité.

« Oh ! les spectateurs, s'écrie l'auteur de
« *Césara,* ils vous gênent et ils vous troublent.
« Ce ne sont que des curieux, toujours indiffé-
« rents, quelquefois hostiles. En avoir beau-
« coup, cela s'appelle la renommée ou la
« gloire ; mais que c'est souvent importun et
« triste ! Si vous chancelez, ils vous raillent ;

« si vous tombez, ils vous insultent; si vous
« triomphez, ils vous envient.

« Vos témoins, eux, vous aiment; leur vœu
« ardent, leur espérance muette, leur seule
« présence, double votre courage. Ils sont, dans
« toute l'acception du terme, vos seconds. Ils
« n'ont pas besoin d'être forts eux-mêmes; au
« contraire, les plus faibles valent souvent
« mieux. Rien qu'en vous regardant, ils vous
« aident. Vous vous sentez suivi, défendu, pro-
« tégé par leurs yeux attendris et fidèles. Vous
« pouvez, dans ce duel de la vie, être tout au
« combat, à l'attaque ou à la parade; ils veillent,
« ils vous gardent. Vous savez que si vous êtes
« blessé, il y a là quelqu'un pour vous secou-
« rir, et, si le coup est mortel, quelqu'un pour
« pleurer. Vous savez que vous avez là des
« mains prêtes à se tendre vers vous, des cœurs
« à vous qui battent, et vous êtes tranquille
« parce qu'ils sont émus, et vous êtes rassuré
« parce qu'ils tremblent. »

Ne semble-t-il pas que cette page, écrite
d'élan par Paul Meurice, ait été pensée avec une
reconnaissance attendrie par Victor Hugo?

Imprimerie-librairie A. QUANTIN, 7, rue Saint-Benoît, PARI

ÉLÉBRITÉS CONTEMPORAIN

LITTÉRATURE -- POLITIQUE — BEAUX-ARTS — SCIENCES — ETC.

BIOGRAPHIES PUBLIÉES

DANS L'ORDRE DE PRÉPARATION DU TEXTE ET DU PORTRAIT

1. MM. Victor Hugo. . . . . par MM. JULES CLARETIE.
2. — Jules Grevy. . . . . — LUCIEN DELABROUSSE.
3. — Louis Blanc. . . . . — CHARLES EDMOND.
4. — Emile Augier. . . . . — JULES CLARETIE.
5. — Léon Gambetta. . . . . . . — HECTOR DEPASSE.
6. — Alexandre Dumas fils . . — JULES CLARETIE.
7. — Henri Brisson. . . . . . . — HIPPOLYTE STUPUY.
8. — Alphonse Daudet. . . . . — JULES CLARETIE.
9. — De Freycinet. . . . . . . — HECTOR DEPASSE.
10. — Emile Zola . . . . — GUY DE MAUPASSANT.
11. — Jules Ferry. . . . . — ÉDOUARD SYLVIN.
12. — Victorien Sardou. . . . . — JULES CLARETIE.
13. — Georges Clémenceau. . . . — CAMILLE PELLETAN.
14. — Octave Feuillet. . . . . . — JULES CLARETIE.
15. — Charles Floquet . . . . . . — MARIO PROTH.
16. — Ernest Renan. . . . . — PAUL BOURGET.
17. — Alfred Naquet . . . . — MARIO PROTH.
18. — Eugène Labiche . . . . . . — JULES CLARETIE.
19. — Henri Rochefort. . . . . . — EDMOND BAZIRE.
20. — Jules Claretie. . . . . . . — Mᵢˢ DE CHERVILLE.

21. MM. Erckmann-Chatrian . . . . par MM. JULES CLARETIE.
22. — Paul Bert. . . . . — HECTOR DEPASSE.
23. — de Lesseps . . . . — ALBERT PINARD.
24. — Spuller . . . . — HECTOR DEPASSE.
25. — Jules Sandeau . . . . — JULES CLARETIE.
26. — Challemel-Lacour . . . . . — HECTOR DEPASSE.
27. — Auguste Vacquerie . . . . — LOUIS ULBACH.
28. — Maréchal de Mac-Mahon. — ERNEST DAUDET.
29. — Paul Déroulède . . . . . . — JULES CLARETIE.
30. — Jules Simon . . . . — ERNEST DAUDET.
31. — Ludovic Halévy. . . . . . . — JULES CLARETIE.
32. — Duc d'Aumale . . . . — ERNEST DAUDET.
33. — Jules Verne. . . . . — JULES CLARETIE.
34. — Duc de Broglie. . . . . . . — ERNEST DAUDET.
35. — François Coppée. . . . . . — JULES CLARETIE.
36. — Edouard Pailleron. . . . . — JULES CLARETIE.
37. — Henri Martin . . . . — HECTOR DEPASSE.
38. — Comte de Paris. . . . . . . — ERNEST DAUDET.
89. — Paul Meurice. . . . . — LOUIS ULBACH.
40. — Ranc. . . . . — HECTOR DEPASSE.

Chaque biographie avec portrait et fac-similé : **0,75 c.**

LE PORTRAIT A L'EAU-FORTE DE CHAQUE PERSONNAGE SE VEND SÉPARÉMEN